KB133142

한국외국어대학교 국제지역연구센터 ⑤
HK+국가전략사업단 지역인문학 총서

북방연구 시리즈: 우리에게 북방은 무엇인가

양안관계와
한반도 통일

공유식

현 한국외국어대학교 국제지역연구센터 책임연구원
대만국립정치대학교 동아연구소에서 중국정치전공으로 박사학위를 받았으며
저서로 "미중경쟁시대와 한국의 대응", "세계사속의 러시아 혁명", "從一所看學科:政大東亞所與台灣的中國大陸研究" 역서로는 "우화로 배우는 중국경제, 대만의 대학교육" 등이 있다.

E-mail: kongfuzi@hufs.ac.kr

양안관계와
한반도 통일

초판인쇄 2021년 12월 31일
초판발행 2021년 12월 31일

지은이 공유식
펴낸이 채종준
펴낸곳 한국학술정보㈜
주 소 경기도 파주시 회동길 230(문발동)
전 화 031) 908-3181(대표)
팩 스 031) 908-3189
홈페이지 http://ebook.kstudy.com
E-mail 출판사업부 publish@kstudy.com
출판신고 2003년 9월25일 제406-2003-000012호

ISBN 979-11-6801-316-2 94340
ISBN(세트) 979-11-6801-311-7 (전 10권)

한국외국어대학교 국제지역연구센터 ⑤
HK+국가전략사업단 지역인문학 총서

북방연구 시리즈: 우리에게 북방은 무엇인가

양안관계와
한반도 통일

공유식 지음

이 책은 2020년 대한민국 교육부와 한국연구재단의 지원을 받아
수행된 연구임(NRF-2020S1A6A3A04064633)

북방연구 시리즈:
우리에게 북방은 무엇인가?

본 북방연구 시리즈는 한국외국어대학교 국제지역연구 센터 HK+국가전략사업단의 "초국적 협력과 소통의 모색: 통일 환경 조성을 위한 북방 문화 접점 확인과 문화 허브의 구축"이라는 아젠다의 2년차 연구 성과를 담고 있다. 총 10권의 책들로 구성되어 있는 시리즈는 아젠다 소주제의 하나인 '우리에게 북방은 무엇인가'라는 질문에 대한 연구진의 답변으로, 2021년 한 해 동안 일간 디지털 타임스에 매주 '북방문화와 맥을 잇다'라는 주제로 연재됐던 칼럼들을 기초로 작성되었으며 아래 세 가지에 주안점을 두고 집필하였다.

첫째, 간결하고 평이한 문체를 사용하고자 노력하였다. 사업단의 연구내용을 관련 분야에 종사하는 연구자 및 전문가는 물론 일반대중과 학생들도 쉽게 읽고 이해할 수 있기를 바란다.

둘째, '우리에게 북방은 무엇인가?'라는 질문에 답하는 과정에서 가능한 다양한 시각을 포괄하고자 노력하였다. 정치와 외교, 국가전략, 지리, 역사, 문화 등 다양한 입장에서 살펴본 북방의 의미를 독자 대중이 쉽게 이해할 수 있기를 바란다.

셋째, 통일이라는 목적성을 견지하면서 북방과의 초국적 협력 및 소통이 종국적으로 한반도와 통일 환경에 미칠 영향에 대해 다양한 시각으로 접근하였다.

통일은 남과 북의 합의는 물론 주변국과 국제사회의 협력이 필수적인 지극히 국제적인 문제다. 그리고 북방과의 관계 진전은 성공적인 통일 환경 조성에 필수적 요소다. 본 시리즈가 북방과의 초국적 협력을 통한 한반도 통일 환경 조성에 미약하나마 기여할 수 있기를 기대한다.

2021년 12월

집필진을 대표하여

HK+국가전략사업단장 강준영

목차

북방연구 시리즈: 우리에게 북방은 무엇인가 / 5

01 서론 / 09

02 양안관계의 역사 / 15

03 중국의 대만정책 / 29

04 대만의 중국정책 / 47

05 양안관계와 미중관계, 그리고 한반도 / 61

01

서론

동북아시아에는 두 개의 냉전시대의 유산이 있다. 한반도와 대만해협양안이다. 양안관계란 대만해협을 사이에 둔 중국대륙과 대만의 관계를 지칭한다. 해협양안의 관계라는 뜻이다. 한반도는 북핵문제가 불거진 이후 줄곧 국제사회의 주요 이슈 중 하나였지만 대만해협양안은 중국의 유엔가입 이후 크게 중국의 일방적인 독주로 그리 주목받지 못하였었다. 그런데, 최근 들어 양안이슈가 국제사회에서 주목받고 있다. 금년 5월 22일에 있었던 한·미 정상의 공동선언에서 양안 관계가 언급되었고, 6월 13일에 있었던 G7 정상회의 공동선언에서도 양안 문제가 언급되었다. 과거 국제무대에서 대만 문제에 대해 이렇게 많이 언급된 적은 거의 없었다. 이는 미·중 간의 갈등에 기인한다. 과거에 미국은 대만 문제에 대해 전략적 모호성을 견지하며 중국의 역린을 건드리지 않았으나 현재 많은 국제무대에서 중국 때리기에 여념이 없고, 그중 주요 이슈가 대만 문제이다. 중국도 이에 대해 여러 방면에서 미국에 반격하고 있다.

　사실 우리사회에서는 양안관계를 한반도 문제와 함께 통일의 이슈로 다뤄왔고, 학계에서도 이러한 의미에서 주로 통일의 방향으로만 양안관계를 다루었다. 분단국가모델로서의 비교연구에 치중했을 뿐, 양안관계의 본질과 양측의 주장에 대하여는 자세히 알지 못했다. 양안문제를 단순히 우리와 같은 분단국가로서 궁극적으로는 통일을 지향하고 있다는 전제하에서 바라보고 있었다. 상술했듯이, 남북한과 양안 모두 냉전의 부산물임에는 틀림이 없고 포스트 냉전시기인 지금도 국제정세 속의 주요 요소로서 역할을 하고 있는 것은 변함이 없다. 하지만 남북한과 양안은 같은듯하면서도 다른 점이 많다. 관계형성의 역사적인 배경도 다르고 이후 관계변천의 과정도 많이 다르다. 양안관계에 대하여 좀 더 심도 있게 이해한다면 동북아 국제정세의 변화에 대한 이해도 심화될 것이며 통일의 국제적인 환경변화에 대한 이해도 증진될 것이다. 이러한 의미에서 이 글에서는 양안관계에 대한 개괄적인 소개와 함께 양안관계가 한반도에 미치는 영향에 대하여 설명을 할 것이다.

02

양안관계의 역사

■ 양안관계형성의 배경

출처 : 위키피디아 지도

    양안관계란 타이완해협을 사이에 둔 중화인민공화국
과 중화민국의 관계를 지칭한다. 양안관계는 냉전시기
와 함께 시작되었고 탈냉전을 지나 미중경쟁시기인 현

재에도 진행형이다. 중국공산당의 중화인민공화국과 국민당의 중화민국의 관계를 알려면 먼저 이 둘의 기원부터 살펴보아야 할 것이다.

양안관계를 이해하려면 먼저 국민당과 공산당의 갈등의 역사와 대만의 역사의 결합점부터 알아야 한다. 국민당은 1894년 쑨원(孫文)이 조직한 흥중회(興中會)를 그 뿌리로 하고 있다. 쑨원은 흥중회를 중심으로 반청세력을 규합하여 동맹회(同盟會)를 조직하였고 1911년 신해혁명을 일으켜 중화민국을 건국하고 청왕조를 몰락시킨다. 이때 당명을 국민당으로 바꾸면서 국민당의 역사는 시작된다. 국민당은 1894년 흥중회의 건립을 당의 시작으로 삼는다. 혁명의 성공을 위해 쑨원은 위안스카이(袁世凱)에게 총통자리를 넘겨주지만 위안스카이의 배신으로 쑨원은 망명의 길에 들어선다. 위안스카이는 1916년 황제의 자리에 오르지만 얼마 지나지 않아 사망하고 중국은 군벌의 혼란시대로 접어든다. 해외로 떠돌던 쑨원은 사회주의 혁명에 성공한 소련의 도움으로 국민당을 재건하여 1924년 1차 국민대표대회를 열고 聯俄容共(러시아와 연합하고 공산당을 포용한다)라는 정책을 선언하여 공산당과의 협력을 결정한다.

중국 공산당의 기원을 살펴보면 다음과 같다. 1919년 5·4운동전후로 중국의 지식인들은 서양의 여러 가지

사상에 대하여 관심을 가지고 중국의 미래에 대하여 열띤 토론을 하였다. 마르크스주의도 그중 하나였고 일부 지식인들은 마르크스주의 독서회를 구성, 연구하기 시작하였다. 1917년 혁명에 성공한 소련공산당은 코민테른을 통하여 사회주의를 널리 전파하려하였고 중국에도 사람을 파견하여 중국에서 마르크스주의를 연구하던 공산주의자들을 규합하여 창당하도록 도와준다. 그에 힘입어 1921년 상해에서 중국 공산당이 창당된다.

소련의 종용하에 중국공산당은 1924년 국민당의 재건에 참여하고 국민당과 협력하게 된다. 이를 제1차 국공합작[1]이라고 한다. 하지만 이 협력은 오래가지 못하였다. 1925년 쑨원의 죽음으로 국민당 내부는 분열되고 그 와중에 공산당에 반대하던 쟝지에스(蔣介石)가 정권을 잡으며 협력을 깨지게 된다(1927년). 그 이후 국민당은 공산당의 소탕에만 힘을 썼고 공산당은 혁명근거지를 만들면서 공산당 세력의 확장에 힘을 썼다. 그 후 일본의 중국침략이 노골화되고 있을 때도 국민당은 공산당의 소탕에 주력하였고, 1936년 샨시성(陝西省) 시안(西安)에 독려차 방문한 쟝제스를 당시 샨시성에서 공산당과 대치중이던 양후청(楊虎城), 장쉐량(張學良)이 공산당과 밀통하여 납치, 감금하여 시안

---

1) 이당시 공산당원은 공산당원의 자격을 유지하면서도 국민당에 입당할 수 있었다.

사변을 일으킨다. 이 결과 국민당과 공산당은 휴전하고 일본과 대치할 것을 합의한다. 일본 패망후 국민당과 공산당은 내전을 벌였고 그 결과 국민당의 중화민국정부는 패배하여 대만으로 패주하였고, 공산당은 대륙의 정권을 잡고 중화인민공화국을 건국하였다. 이때부터 대만해협을 사이에 둔 양안관계가 시작되었다.

■ 양안관계의 변천

1) 군사대치기(1949-1958)

국공내전에서 승리를 거둔 공산당과 대만으로 패주한 국민당은 대만해협을 사이에 두고 군사적 대치를 시작하였다. 대륙에 자리한 중화인민공화국은 자신을 중국의 정통을 이어받은 정권이고 대만에 있는 국민당은 이미 멸망한 정권으로 보았다. 국민당은 1954년에 열린 당대회에서 1948년에 발효한 "動員戡亂時期臨時條款(전시동원시기임시조례)"가 계속 유효하다고 결론내리며 중국대륙을 수복해야할 지역으로 간주하였다. 양안은 이후 몇차례의 군사적인 충돌을 하였다. 특히 국민당이 차지한 진먼섬(金門島)는 중국 푸지엔성(福建) 샤먼(廈門)시 앞바다 몇 킬로미터 안떨어진 곳에 위치해 있고 국민당과 공산당의 군사적 대치가 이루어진 곳이다. 1949년 진먼의 구링터우(古寧頭) 전투, 1954년의 제1차 진먼포격전, 1958년 제2차 823진먼 포격전 등을 거치면서 양안간에는 심각한 군사적 충돌이 발생하였다.

이 시기에는 중국이나 대만2) 양측 모두 막 정권을 잡은 시기에 내부적인 갈등의 봉합을 위하여 외부적인 갈등을 조장한 측면도 있다. 대만은 중화민국시기에 설립한 유엔의 안전보장이사회 상임이사국자리를 차지하였고, 공산당은 중화인민공화국 건국 이후 유엔에 가입하기 위하여 소련을 중심으로 노력하였지만, 대만과 미국의 노력으로 부결되었다.

2) 평화적 대치시기(1958-86)

1958년 제2차 진먼포격전 이후 양측은 군사적 대치보다는 국내정치경제에 더 중점을 두면서 대치하면서 대립하는 시기로 접어든다.

먼저 중국은 대약진으로 대표되는 사회주의운동을 전개하다 실패하고 경제회복에 힘쓰기 시작하였다. 그러다가 문화대혁명이라는 정치적인 동란에 빠져들어 10년의 재난을 맞이하게 된다. 문화대혁명 시기에 대만에 대한 해방을 외치기도 하였지만 내부적인 정치적 갈등, 문혁이 어느 정도 잦아든 이후에는 소련과의 관계 악화 등 국제정세가 중국에 불리하게 돌아가서 대만에 대하여

---

2) 중화민국으로 불러야 하나 편의상 대만이라고 칭한다.

군사적인 행동을 취하지는 않았다.

국민당은 1950년의 한국전쟁과 1958년까지의 중국과의 군사적인 충돌로 미국의 보호를 이끌어 내는데 성공하자 1960년대부터 독재정치를 강화하였다. 1947년에 내린 계엄령을 지속하면서 국민당 일당독재와 국민들에 대한 통제를 강화하였다.

1960년대 후반부터 시작된 냉전체제의 변화는 양안관계에도 영향을 미쳤다. 미국은 소련과의 긴장완화를 꾀함과 동시에 소련의 영향력을 약화시키려는 정책도 동시에 전개하였다. 중국과의 관계개선을 통해 소련을 압박하려는 목적으로 1972년 미국의 대통령 닉슨은 중국을 방문하였고 1973년 일본은 중국과 수교를 하였다. 중국은 이로써 세계의 무대로 얼굴을 내밀기 시작하였다.

반면, 대만으로서는 험난한 국제환경이 조성된 시기다. 1971년 자의반 타의반으로 유엔에서 퇴출된 것을 시작으로 닉슨의 중국방문 이후 일본을 비롯한 많은 나라들이 대만과 단교하고 중국과 수교하는 도미노 현상이 시작하였다. 냉전의 갈등을 정권의 정당성으로 삼았던 국민당으로서는 정당성의 위기가 찾아오게 되었고 그 틈을 타 대만 내 민주화를 요구하는 목소리도 점차 커져갔다.

1978년 중국의 개혁개방은 양안관계에 또 다른 변화

를 가져왔다. 중국은 경제개혁과 대외개방을 모토로 국가발전에 매진하기 시작하였다. 특히 대외개방의 일환으로 외국자본을 들여오면서 대만에도 손을 내밀기 시작하였다. 일국양제통일방안을 내세우는 등 대만에 대한 평화공세를 하기 시작하였다. 이에 대만은 삼불정책을[3] 내세우며 중국의 공세에 문을 닫았다.

이 시기는 전체적으로 보면, 냉전체제가 조금씩 깨져가면서 냉전에서 비롯된 양안관계도 어느 정도 변화가 시작된 시기로 대치상태는 지속되었으나 군사적인 충돌은 없었던 시기고 양측의 국제적 위상의 변화가 시작된 시기라고 할 수 있다.

3) 상호교류시기(1986-현재)

중국의 개혁개방 압력에 대하여 대만은 3불정책으로 응수하였으나 사실 대만내부의 중국진출에 대한 압력은 지속되어 왔다. 80년대 들어 대만의 경제는 더 이상 노동집약적인 산업으로는 한계에 다다랐고 성공적으로 산업구조를 전환하였다. 하지만 중국이 대외개방을 하자 기존의 산업들의 중국에로의 이전은 필요불가결하게 되었다.

1986년 대만 중화항공의 납치사건은 삼불정책을 깨

---

3) 불담판, 불접촉, 불타협

고 양안이 접촉하게 한 최초의 사건이다. 1986년 5월 싱가포르에서 대만으로 비행중이던 중화항공의 기장이 비행기를 납치하여 중국 광저우(廣州)에 착륙시킨 사건이다. 이 사건의 해결을 위하여 양안의 적십자에서 1949년 이래 최초로 접촉을 하였다. 그 이후 1987년 이산가족의 고향 방문을 허용하였고, 1988년 대만기업의 중국투자를 허용하였으며 1989년 민간교류를 허용하는 등 상호교류의 물꼬가 트이기 시작하였다,

1990년대 들어 민간교류가 빈번해지자 양안은 이 교류의 적절한 관리를 위하여 서로 반관반민단체를4) 만들어 정기적인 교류를 시작하였다. 1992년에 홍콩에 있었던 실무자 회담에서 92共識5)라는 양안간의 합의를 만들어냈고 1993년 싱가포르에서 첫 번째 회담을 가졌고 양안간의 실무회의의 제도적 기반을 만들었다.

1995년 당시 리떵후이(李登輝)의 총통이 미국방문으로 양안은 또 다른 긴장상황에 빠지게 되었다. 중국은 리떵후이의 미국방문과 1996년 대만의 직선제 총통선거에 대한 대응으로 1995년, 96년 각각 대만에서 미사

---

4) 중국측은 해협양안관계협회(1991년), 대만측은 해협양안교류기금회 (1990년)을 설립
5) 92공식은 양안은 하나의 중국원칙에 동의한다는 합의이다. 하지만 하나의 중국의 의미에 대하여는 서로가 다른 서술을 하고 있다. 중국이 말하는 하나의 중국은 중화인민공화국만 있지만, 대만이 말하는 중국은 미래의 중국은 국민당의 중국일 수도 있고, 공산당의 중국일 수도 있다는 개념이다.

일을 쏘는 군사훈련을 하였고 미국의 제7함대가 출동하는 등 해협양안의 긴장상태가 고조되기도 하였다. 리펑후이는 산업공동화의 심화와 중국에의 경제의존도 심화를 이유로 계급용인(戒急用忍)이라는 말로 대만기업의 중국진출을 가능한 저지하려하였고, 1999년 양안은 "특수한 나라와 나라의 관계"라는 발언으로 중국과의 거리를 두려고 하였다. 중국은 이를 양국론(兩國論)이라며 사실상 대만독립의 의미로 받아들여 강하게 질책하였다. 1990년대 초반에는 양안의 교류가 다방면에서 밀접하였으나 1990년대 중반 이후 정냉경열(政冷經熱)의 상황으로 전개되었다.

2000년 민진당의 천수이비엔(陳水扁)이 집권하면서 정냉경열상황은 더 심화되었다. 대만의 독립추구를 목표로하는 민진당이 집권하자 중국은 "말과 행동을 관찰하겠다(聽其言, 觀其行)이라면서 대만과 정치적 접촉을 일절 끊었다.

2008년 국민당의 마잉지우정부가 들어서자 92공식의 전제하에 마잉지우(馬英九) 정부가 공약한 양안공동시장의 건설을 위하여 양안간 접촉이 시작되었고, 양안은 2010년 ECFA(양안경제협력기본협정)6)을 맺고 후속협정을 위한 접촉

---

6) Economic Cooperation Framework Agreement, FTA로 가기 위한 기본협정, 일단 양측이 동의한 일부 항목에 대하여 관세면제등의 프로그램을 실행하고(EHP: Early Harvest Program,조기수확프로그램),나머지는 항목별로 하나씩 체결해나가는 협정. 마지막 3개 남겨두고 정지되어 사실상 폐지됨.

을 지속하였다. 하지만 2014년 양안서비스무역협정 체결시 이를 반대하는 대만대학생들이 국회와 정부청사에 난입한 태양화 운동으로 ECFA는 중단되었다.

2016년 민진당의 차이잉원(蔡英文)정부가 들어서자 중국은 92공식에 대한 인정을 요구하였지만 차이잉원은 이를 회피하였고 양안은 다시 정치적인 냉각기로 접어들어 현재에 이르고 있다.

양안관계와 한반도 통일

03

중국의 대만정책

■ 마오저뚱 시기의 대만정책

마오시기의 대만정책은 기본적으로는 무력해방정책
이 기조를 이루었으나 국제관계의 변화에 따라 평화적
해방정책이 병행하여 진행되었다.

1) 무력해방정책시기(1949-1958)

무력해방정책이란 말로 앞 장에서 이야기 하였듯이
대만해방에 무력을 사용하는 정책이다. 1950년 한국전
쟁이 일어나고, 대소일변도 정책을 폈던 중국은 한국전
쟁에 참전한다. 참전후인 1954년 8월 22일 중국은 "대
만해방연합선언"을 발표, 대만은 중국의 영토이고, 중
국인민은 꼭 대만을 해방시킬 것이라고 선언하였다. 같
은 해 대만은 중국과 "중미공동방어조약"을 체결, 대만
에 대한 미국의 방어의지를 드러냈다.1958년 8월 23일
중국은 제2차 진먼 포격전을 펼쳤다. 8월 23일에 시작
하여 10월 6일에 끝난 이 포격전은 44일간 지속되었고

중국은 무려 47만여발의 포를 퍼부었다. 이 시기에 중국은 무력사용을 강조하였고 대만도 반공수복을 강조하면서 대륙수복에 대한 의지를 강하게 드러냈다. 이는 국공내전의 연속적인 성질을 띠면서 양안 간에는 전쟁의 기운이 한창이었다.

하지만 1955년 인도네시아 반둥의 제1차 아시아-아프리카 회의에 참석한 중국의 저우언라이(周恩來)는 미국과의 협상을 통하여 양안의 긴장된 국면을 완화시킬 의사가 있음을 밝혔고 폴란드 바르샤바에서 열린 협상을 영사급에서 총영사급으로 격상시켰다. 이어 열린 전국인민대표대회에서 대만의 평화적해방추진을 강조하기도 하였다.

2) 평화해방정책시기(1958-1976)

1958년 대약진 운동의 실패와 문화대혁명으로 인한 국내정세의 혼란으로 대만문제는 처리할 여력이 없게 되었다. 이 당시, 대약진운동의 실패로 경제적인 어려움을 겪게 된 중국은 마오저뚱이 행정에서는 물러나고 류샤오치(劉少奇)와 떵샤오핑(鄧小平)이 전면에 나서서 경제회복에 힘썼다. 하지만 마오저뚱(毛澤東)는 군과 당조직을 여전히 장악하고 있었고, 자신이 사회주의 이념의 실현

32   양안관계와 한반도 통일

을 포기하지 않았다. 1966년 문화대혁명을 일으킨 마오 저뚱은 반대파를 주자파(走資派)라 몰며 숙청하였고 과도한 홍위병 운동 등으로 국내정세는 혼란에 빠진다.

국제정세적인 면에서 보면, 50년대 말 중국과 소련과의 관계가 악화되기 시작하였다. 1968년 프라하의 봄 사태를 소련이 무력으로 진압하면서 소련의 주권제한론을 내세우자 중국은 이에 위협을 느꼈고, 69년 다만스키섬에서 군사충돌이 일어나면서 최악의 상황으로 치닫는다. 또한, 이시기에 국제사회에서 데땅트(화해)의 물결이 서서히 일어나면서 중국은 1971년 유엔에 가입, 대만의 자리를 차지하게 되었고 1972년 미국 대통령 닉슨의 중국방문으로 중국은 대만에 대하여 평화적 해방정책을 지속하게 된다.

중국은 무력해방정책과 평화해방정책을 병행하면서 무력을 좀 더 강조하는 시기였다. 향후 중국은 평화공세를 전개하면서도 무력에 의한 방법은 절대 포기하지 않고 있다.

■ 덩샤오핑(鄧小平) 시기의 대만정책

1976년 마오저뚱이 사망하고 이 뒤를 이은 화궈펑(華國鋒)과의 경쟁에서 이긴 덩샤오핑은 1978년 11기 3중전회에서 개혁개방정책을 결정하였다. 이 후 중국의 대외정책은 개혁개방을 위한 환경조성에 중점을 두게 되었다. 대만에 대하여도 평화적 통일과 일국양제를 강조하는 통일전선을 전개하였다.

1) 예젠잉의 "대만동포에 고하는 글"

1978년 12월 개혁개방정책의 시행을 선포한 이후인 1979년 원단(1월1일), 중국인민대표대회상무위원회 위원장인 예젠잉(葉劍英)은 "대만동포에게 고하는 글(告臺灣同胞書)를 발표하였다. 이 글에서 진먼포격의 정지를 선포하였고 공동협상을 통하여 군사대치의 종결을 제시하였고 평화통일과 '삼통사류(三通四流)'의 전개를 주장하는 등의 구호를 제시하였다. 또한, 평화통일의 희망을 대만의 정부와 인민에 기대한다고 선언하였다. 삼통이란 통항(通航), 통우(通郵), 통상(通商)을 말하고 사류란 경제교류, 문화교류, 과학기술교류, 체육교류를 뜻한다. 즉, 향후 양안이 항해 및 항공의 직항과 우편물의 직교류, 상품의 직교류를 통하여 경제, 문화, 과학기술, 체육 등의 교류를 시작하자는 의미이다.

1981년 예젠잉은 신화사 기자들과의 회견에서 평화통일에 관한 9조항을 발표하였다. 그 내용은 아래와 같다.

① 중국국민당과 중국공산당은 서로 대등하게 협상한다.

② 쌍방은 통항, 통우, 통상, 여행, 친지방문 등과 학술, 문화, 체육 등의 교류의 전개에 관한 협의를 달성한다.

③ 통일 후의 대만은 군대를 남길 수 있으며 특별행정구로서 특별자치권을 가진다.

④ 대만의 사회 및 경제제도, 생활방식과 외국과의 경제, 문화관계는 변하지 않는다.; 개인재산, 주택, 토지, 기업소유권, 합법적상속권 및 외국의 투자는 침범되지 않는다.

⑤ 대만의 정치지도자들은 전국적 정치기관의 지도자로서 국가관리에 참여한다.

⑥ 대만의 재정이 어려울 경우 중앙에서 적절히 보조한다.

⑦ 대만 인민이 대륙으로 돌아와 거주하기를 원하면 적절한 조치를 통하여 도와주고 보장하고 자유롭게 출입하며 차별받지 않는 것을 보장한다.

⑧ 대만 기업인의 중국대륙투자를 환영하며 합법적인 권익과 이윤을 보장한다.

⑨ 대만 각계 인사들과 단체들이 통일에 대한 건의를 환영하며 함께 국사를 논의한다.

예젠잉의 이 9개 항목은 "대만동포에 고하는 글"의
내용을 좀 더 구체화 시킨 것으로 중국이 중앙정부이
고 대만은 특별행정구로 규정, 대등하게 협상한다고는
하지만 지방정부 레벨로 한정한 것이다. 이는 후에 덩
샤오핑의 일국양제의 기본바탕이 되었다.

2) 덩샤오핑의 일국양제(一國兩制)

일국양제의 구상을 내놓기 전인 1983년 덩샤오핑은
미국의 양리위(楊力宇)와의 회견에서 대만문제 해결을 위
한 구상 6개 조항을 말하였다. 그 내용은 아래와 같다

① 대만문제의 핵심은 조국의 통일이다. 평화통일은
   이미 국공양당의 공통언어가 되었다.

② 제도는 다를 수 있다. 하지만, 국제사회에서 중국
   을 대표하는 것은 중화인민공화국뿐이다.

③ 대만의 완전한 자치는 찬성하지 않는다. 완전한
   자치는 두 개의 중국을 의미하지 하나의 중국은
   아니다. 자치가 한도가 없을 수 없고 통일된 국
   가의 이익에 피해를 주어서는 안 된다.

④ 조국통일 이후, 대만특별행정구는 대륙과는 다른
   제도를 실행할 수 있고, 다른 성, 시, 자치구에는
   없는, 자신만 가질 수 있는 권리를 가질 수 있다.

양안관계와 한반도 통일

사법적으로 독립되고, 종심권이 베이징에 있지 않는다. 대륙에 위협을 주지 않는 다면 군대를 가질 수 있다. 대륙은 대만에 사람을 파련하지 않는다. 군대고 주둔하지 않고 행정인력도 파견하지 않는다. 대만의 당정군계통은 모두 대만이 스스로 관리한다. 중앙정부에는 일정부분 자리를 대만출신에게 할애한다.

⑤ 평화통일은 중국이 대만을 먹어버리는 것도 아니고, 대만이 중국을 먹어버리는 것도 아니다. 삼민주의통일중국은 현실적이지 않다.

⑥ 통일을 실현하려면 적당한 방법이 있어야 한다. 양당의 평등한 회담을 진행하여 국공3차합작을 실행하고 중앙과 지방의 협상이라는 말은 꺼내지 말 것을 건의한다. 양측이 협의를 마친 후에 공식으로 선포하지만, 외국이 개입해서는 안되며 그렇다면 중국은 아직 독립이 되지 않은 것을 의미하고, 후환은 무궁무진할 것이다.

이 6개 조항은 등소평의 "일국양제, 평화통일"방안을 구체화한 조항으로, 이것의 바탕하에 1984년 2월 미국조지타운대학의 대표단을 접견하는 자리에서 처음

으로 일국양제의 개념을 제시하였고 같은 해 5월 제6
기 전국인민대표대회 제2차회의에서 '일국양제'의 구
상을 정부업무보고에 삽입하고 통과시켜서 일국양제가
정식으로 중국의 기본국책이 되었다.

표1 : "일국양제"형성과정

단계	사건	내용
시작단계	1955.5. 주은래	대만문제해결에는 전쟁과 평화적인 방식이 있고 평화적 방식으로 해결할 수 있다.
	1956.4. 마오저둥	"평화가 좋은 것", "애국일가"애국에는 선후가 없다 등을 주장
준비단계	1978년 11. 덩샤오핑이 미국 기자회견	대만통일 후 비사회주의 경제와 사회제도를 유지할 수 있음
	1978년 11기 3중전회	덩샤오핑 "평화통일"방침 제시
	1979.1. 전국인민대표대회 "대만동포에게 고하는 글" 발표	대만의 현상황을 존중하고 합리적인 정책과 방법의 채택을 제시
형성단계	1981.9. 葉9條 발표	특별행정구, 고도자치권등의 보장을 제시. 일국양제의 기본윤곽 형성
	1982.1. 덩샤오핑 외국인과 회견	처음으로 비공식적인 자리에서 일국양제의 개념을 제시
	1982.9. 덩과 영국수장 대처와의 회견	최초로 공식석상에서 일국양제로 홍콩문제를 해결한다고 제시
	1982,12. 82헌법 제31조 특별행정구 통과	특구설립을 통한 일국양제에 대한 법률적 근거를 제시
	1983.6 등6조 제시	일국양제구상의 구체화
선전단계	1984.2덩샤오핑과 미국조지아대학대표단 회담	일국양제라는 단어를 최초로 사용
	1984.5. 정부업무보고에 포함	최초로 일국양제가 정부문건에 제시됨.

단계	사건	내용
선전단계	1984.10. "瞭望"잡지에 일국양제 발표	일국양제의 이론화, 계통화
정착단계	1990.4 전국인민대표대회에서 홍콩기본법 통과	일국양제법제화의 그림 완성, 이론에서 정책으로 구체화 됨
	1997.7. 홍콩반환	일국양제의 실천시작
	1999.12 마카오 반환	일국양제로 홍콩마카오문제 해결

출처 : 葉怡君, 「中國對台政策與沿革」, 趙建民 主編, 『大陸研究與兩岸關係』
(臺北:晶典文化事業出版社, 2010.10) pp356-357.

대만에 대한 일국양제의 함의를 정리해 보면 다음과
같다,

1) 하나의 중국원칙: 대만은 중국의 뗄수 없는 일부
   이고 중앙정부는 베이징이다. 두 개의 중국, 대만
   독립등에 대하여 모두 반대한다

2) 양제 병존 : 하나의 중국의 전제하에 대륙의 사
   회주의체제와 대만의자본주의체제는 장기간 공존
   하고 공동발전할 수 있다

3) 고도자치 : 통일 후 대만은 특별행정구가 되며
   고도의 자치권을 가지고 대륙의 다른 성들과 다
   르다.

4) 평화협상 : 양안은 만나서 협상을 통하여 국가통
   일을 실현한다. 하나의 중국 전제하에 무엇이든
   이야기 할 수 있다.

■ 장저민(江澤民) 시기의 대만정책

1989년에 천안문사태의 책임을 지고 물러난 자오즈양(趙紫陽)의 뒤를 이어 총서기에 오른 쟝저민은 1992년 덩샤오핑이 완전은퇴하고 쟝저민에게 권력을 이양받은 후에야 명실상부한 중국 최대 권력자가 되었다. 하지만 덩샤오핑이 아직 생존해있었고 덩샤오핑의 일국양제, 평화통일방안은 지금까지도 내려오는 중국의 대만정책의 기조이기 때문에 커다란 변화를 가져오지는 못하였다. 하지만 1995년 소위 말하는 "江八點"을 발표 일국양제, 평화통일과 더불어 쟝저민의 통일정책을 발표하였다. 그 내용은 다음과 같다

① 하나의 중국 원칙을 견지하는 것은 평화통일을 실현나는 기초와 전제조건이다

② 대만과 외국이 민간차원과 문화차원의 관계를 갖는 것에는 반대하지 않는다

③ 해협양안평화통일협상을 진행하는 것은 중국공산당의 일관된 주장이다

④ 중국인은 중국인을 때리지 않는다. 무력사용의 포기를 약속하지 않는 것은 대만동포를 겨냥한 것이 아니라 외세가 중국의 통일을 간섭하고 대만독립을 도모하려는 것을 겨냥한 것이다.

⑤ 양안경제문화교류와 협력을 발전시키며 정치적인 갈등이 양안의 경제협력을 방해해서는 안된다고 주장한다

⑥ 오천년 문화는 중국인 전체를 연결하는 정신적 끈이며 평화통일을 실현하는 중요한 기반이다,

⑦ 대만동포의 생활방식과 주인이 되려는 바람을 충분히 존중하고 대만동포의 모든 정당한 권익을 보호한다.

⑧ 대만당국의 지도자들이 적절한 신분으로 방문하는 것을 환영한다. 우리도 대만이 초청한다면 받아들여 대만을 방문하기를 바란다.

이전의 내용과 크게 다르지는 않지만 무력사용을 하지 않는 조건을 제시함으로서 그것이 충족된다면 무력사용을 하지 않을 수 있다는 가능성을 보여줬다는 것에 의미를 가질 수 있다. 1993년과 2000년에 발표한 통일백서에서도 하나의 중국의 원칙이 평화통일을 이루는 기본전제라는 것을 재천명하면서 특히 2000년 대만의 민진당이 집권하자 "말과 행동을 관찰하겠다(聽其言, 觀其行)"며 대만이 독립의 방향으로 가는 것에 대한 경고도 하였다.

■ 후진타오(胡錦濤) 시기의 대만정책

후진타오는 쟝저민으로부터 권력을 이양받을 때 한 번에 받지 못하고 2004년에야 중앙군사위원회 주석을 이양받아서야 비로소 제대로 정권이 계승되었다. 쟝저민에 비해서 상대적으로 약한 권력을 가진 후진타오는 쟝저민시기의 정책을 크게 벗어날 수는 없었다. 게다가 대만에는 2000년부터 대만독립을 추구하는 민진당이 집권하기 시작하였기 때문에 대만에 대한 강경한 목소리를 낼 수밖에 없었다. 2004년 천수이비엔이 연임에 성공하자 천수이비엔이 취임하기 3일 전인 5월 17일 성명을 발표하였다. 그 중 중요한 내용은 다음과 같다

"현재 양안관계의 정세는 험난하다. 중국을 분열시키려는 대만독립운동을 제지하는 것이 가장 급박한 임무이다. 현재 대만당국에는 두 갈래의 길이 있다. 하나는 벼랑끝에서 대만독립분열활동을 중지하고 양안은 하나의 중국에 속한다는 것을 인정하는 것이다. 또다른 하나는 고집을 피워서 대만을 중국에서 떨어져 나가게 시도하여 결국 스스로에게 불을 질러버리는 것이다"

2004년 군사위원회 주석을 이어받은 후진타오는 2005년 "반국가분열법"을 통과시켜 후진타오가 대만정책을 주도하기 시작했다는 것을 과시하기 시작하였다. "반국

가분열법" 중 주의해야 할 조항은 그 중 제8조이다. "만약 대만독립세력들이 어떠한 명분이나 방식으로든 대만을 중국에서 분열시키려고 하거나 대만을 중국에서 분열시키는 중대한 사태가 벌어지거나, 혹은 평화통일의 가능성이 완전히 사라진다면 국가는 비평화적 수단과 필요한 조치를 취해서라도 국가의 주권과 영토의 완정을 지켜야 한다"는 조항이다. 이는 민진당에 대한 경고로서 민진당이 대만독립에 관련된 여러 가지 국민투표를 시행하는 것에 대한 엄중한 경고로 볼 수 있다.

2008년 국민당이 재집권 하고 마잉지우가 당선되자 양안간에는 평화분위기가 조성되었다. 이에 후진타오는 胡六點을 발표하였다. 그 내용은 다음과 같다.

① 하나의 중국을 지키면서 상호간 신뢰를 증진한다.
② 경제협력을 추진하여 공동발전을 촉진한다.
③ 중화문화를 널리 알리고 정신적 유대를 강화한다.
④ 인적교류를 강화하고 각분야의 교류를 확대한다.
⑤ 국가주권을 지키며 대외사무는 협상한다.
⑥ 적대적 대치상황을 종결하고 평화협의를 달성한다.

국민당의 집권으로 조성된 평화분위기를 이어나가기 위한 6가지 원칙으로 향후 국민당과의 각종 협상의 정

책적 기반을 제공하였다. 이러한 원칙하에 후진타오 2
기에는 대만과 외교휴전, ECFA 체결 등 정치, 경제적면
에서 상당한 교류의 성과를 이루어 냈다.

■ 시진핑 시기의 대만정책

시진핑 시기의 대만정책도 사실 그 이전 지도자들의
대만정책과 크게 다르지는 않다. 기본적으로 일국양제
와 평화통일을 원칙으로 하며 불순세력들의 도발시 무
력도 불사한다는 것은 큰 차이가 없다. 2019년 "대만
동포에게 고하는 글"40주년 기념식에서 시진핑의 대만
통일에 대한 5가지 원칙을 발표하였다. 이것을 習五條
라고 한다. 그 내용은 아래와 같다.

① 함께 민족부흥을 추진하고 평화통일의 목표를 실
  현한다.
② 일국양제의 대만에서의 방안을 탐구하고 평화통
  일의 실현을 풍부하게 한다。
③ 하나의 중국의 원칙을 견지하고 평화통일의 앞날
  은 수호한다.
④ 양안의 융합발전을 심화시키고, 평화통일의 기초
  를 열심히 닦는다.
⑤ 동포간의 정신적 결합을 실현하여 평화통일의 인
  식을 증진한다.

시진핑은 이 다섯 가지 조항을 92공식, 일국양제 평화통일을 바탕으로 한 통일정책의 기본원칙으로 삼는다. 중국이 미국과 어깨를 나란히 한다고 생각한 시진핑은 대만의 독립지향적인 색깔이 점점 더 강해지자 92공식을 더욱 강조하고 있고, 대만의 민진당 정부와 국민들을 분리시켜 민진당에게는 반대하지만 국민들은 동포로서 혈연에 호소하고 있다.

04

대만의 중국정책

■ "反攻大陸. 反共復國" 시기

냉전시기에의 대만의 외교정책은 단순하다. 대만은 한반도와 함께 냉전의 최전선이었기에 미국일변도의 외교정책일 수밖에 없었다. 1950년대 한국전쟁 이후 대만의 중요성이 강조되면서 미군이 대만에 주둔하며 중국과의 군사적 대치가 첨예화 하였다. 이시기의 대만의 중국정책은 "反攻大陸, 反共復國(대륙으로 반격하여 조국을 수복하자)"의 기치로 설명될 수 있다. 이 정책은 두 가지의 상황을 배경으로 하고 있다,

첫째, 국제정치적인 배경이다. 상술했듯 한국전쟁으로 냉전이 고착화 되면서 미국의 아시아 정책이 변화하고 대만의 전략적 가치가 상승하였다. 한반도와 대만해협은 미국과 소련의 대리전의 최전선이 되었다. 대만의 국민당 정부는 이를 적극적으로 활용하기 위하여 적극적인 반공정책을 전개하였다. 국민당 정부는 미국과의 공동보호조약을 체결하여 안보 면에서 미국의 보장을

확답 받았고, 경제적으로 미국의 지원을 이끌어냈으며 이를 바탕으로 국민당의 대만 내 통치기반을 굳게 다졌다.

둘째, 중국 내 상황의 변화이다. 중국은 50년대 후반에 대만에 대하여 금문포격전을 통하여 군사적인 공격을 하였고, 60년대 문화혁명을 통하여 혁명수출외교와 더불어 대만수복에 대한 의지를 드러내었다. 이는 대만의 중국에 대한 반공대륙정책을 더욱 공고히 하게 하는 추동력이 되었다.

■ 삼불정책 시기

삼불정책이란 상술했듯이 중국과는 협상도 없고, 접촉도 안하고, 타협도 없다는 정책이다. 국민당의 정당성을 위하여 반공(反共)기조는 유지하면서 중국이 개혁개방이후 대만에 대한 정치적 공세를 대처하였다. 국민당은 1981년 3월29일 국민당 12대당대회 전체회의에서 반공(反共)수복의 기본국책, 중화민국헌법이 결정한 국체, 삼민주의통일중국의 목표는 절대 변하지 않는다는 삼불정책의 전략적 수정을 발표하였다. 이는 급격히 변화한 국제정세에 대한 대만의 반응이었다.

1971년 대만이 유엔에서 자의반타의반으로 탈퇴하고,

닉슨의 중국방문, 일본의 중국과 수교 등으로 대만은 국제사회에서 급격히 지위를 상실하였다. 그리고 장개석과 모택동이 각각 1975년, 1976년에 사망하면서 대만 내에서도 국민당의 정치적 입지가 흔들리게 되었다. 특히 1978년 중국의 개혁개방정책실시와 1979년 미중수교는 대만에게 커다란 충격이었다. 반공수복을 내세웠던 국민당정부는 반공수복이 사실상 불가능에 가까워지면서 새로운 정책의 수립이 필요했다. 대외적으로는 중국의 개방공세에 응답하고 대내적으로 국민당의 정당성을 확보하기 위하여 삼불정책과 함께 통일에 대한 전략적 수정을 할 수밖에 없었다.

1980년대 대만은 변화하는 국제정세와 내부에서의 민주화에 대한 요구에 대응하여 야당의 합법화, 계엄해제, 언론규제철폐 등의 민주화조치와, 이산가족 대륙방문허용이라는 대륙에 대한 해금조치를 점차적으로 펼쳐나가면서 민간사회는 접촉하지만 정치적인 접촉은 제한하는 기조는 유지하였다.

■ 리덩후이(李登輝) 시기의 대륙정책

1980년대 중반 이후 소련 및 동구권의 몰락(중국어로 蘇東波) 이후, 소위 탈냉전 시기에 접어들면서 대만의 대륙정책도 커다란 변화를 가져왔다. 특히 대만의 민주화와 양안교류의 확대는 대만의 대륙정책의 변화를 촉구하게 되었다.

80년대 말부터 시작된 양안교류의 확대와 대만의 민주화 흐름은 1990년 리덩후이가 정식임기를 시작하면서 본격적으로 변화하기 시작하였다. 리덩후이는 1990년 총통부 산하 국가통일위원회를 만들고 91년 대륙정책의 기본이 되는 국가통일강령을 제정하였다. 국가통일강령의 내용은 다음과 같다.

① 하나의 중국을 견지하고 중국의 통일을 추구한다.

② 평화통일을 고수하고, 무력사용에 반대 한다.

③ 대만지역인민의 권익에 대한 존중을 통일의 전제로 한다.

④ 평화적 통일과정을 설정하고 단계를 나누되 시간을 정하지 않는다.

이러한 기본 원칙하에 평화통일의 단계를 3단계로 나누었다. 1단계는 '교류호혜(交流互惠)' 단계로 중국이 대만의 정치실체를 인정하면서 평화통일을 모색한다면 양안의 민간교류 활성화와 중국의 개혁개방을 돕겠다는 것이다. 2단계 '호신합작(互信合作)'은 양안이 대등한 입장에서 공식적인 접촉창구를 확립하고, 대만의 국제기구 가입을 허용하면 삼통을 허용해 직접교류를 할 수 있다는 것이다. 3단계는 '협상통일(協商統一)'단계로 통일의 협상기구를 설립하고 삼민주의 실현을 위해 헌정체제 개정연구 등 공동으로 통일을 논의할 수 있다는 점이다.

리떵후이는 통일강령의 기본 하에 그동안의 양안교류의 발전의 배경하에 1995년 양안관계에 대하여 6개의 주장을 발표하였다.

① 양안이 분치(分治)하고 있는 현실 하에 중국통일을 추구 한다.

② 중화문화의 기초하 에 양안교류를 강화 한다

③ 양안무역교류를 증진하고 상호보완관계를 더욱 발전 한다.

④ 양안이 평등하게 국제기구에 참여하며 양측 지도자는 이를 이용하여 자연스럽게 접촉 한다

⑤ 양안은 모두 평화적 방식으로 모든 충돌을 해결해야 한다.

⑥ 양안은 공동으로 홍콩과 마카오의 번영과 민주를 지키고 발전시킨다.

이는 변화하는 양안의 국제적 지위와 증가하는 양안 교류의 배경하에 이러한 시대적 흐름에 대응하고자 내세운 정책으로 중국의 공세에서 대만의 국제적 지위를 지키려는 노력으로 해석할 수 있다. 리떵후이는 이시기까지만 해도 대만은 하나의 중국이며 통일을 지향한다는 방향성은 포기하지 않았다.

하지만, 1996년 대만 최초로 직선제 총통에 당선된 후 리떵후이는 중국에 대한 정책을 수정하기 시작하였다. 국민당의 체제하에 정치적인 정책을 수정하기는 힘들었지만, 경제부분에 대한 정책을 수정하며 양안의 민간교류에 제동을 걸었다. 이 시기에 내세운 "계급용인(戒急用忍)"은 대만의 산업공동화를 우려하여 중국에 대한 투자를 유보하라는 내용이다. 실제로 이 당시 대만 최대기업인 타이완 프라스틱의 중국 대규모 투자 계획이 총통이 그룹회장을 직접 면담한 이후 무산되기도 하였다.

■ 천수이비엔(陳水扁) 시기의 중국정책 변화

2000년 대만에서는 최초의 정권교체가 이루어지고 민진당의 천수이비엔이 총통에 당선된다. 민진당은 당의 강령(당헌장)에 "대만의 독립주권국가이고, 중화인민공화국에 속하지 않는다. 대만의 주권은 중국대륙에 미치지 않는다" 라고 명시하였다. 그리고 이를 수정한 대만전도결의문에서는 "대만은 주권독립국가이며 그 영토는 대만섬과 금문마조팽호등 부속 도서와 국제법에서 인정한 영해 및 해역에 한정한다. 대만은 헌법에 의하여 중화민국으로 칭하지만 중화인민공화국과 서로 예속되지 않는다"라고 명시하였다. 이러한 당의 강령을 가진 민진당의 천수이비엔은 독립지향적인 중국정책을 전개하려 하였으나 당시 국회는 국민당계열의 의원이 과반을 장악하여 쉽게 전개하지 않았다. 또한, 그당시 미국과 중국은 대립관계가 아니었기 때문에 직접적인 독립지향적으로는 정책을 전개하지 않았다.

하지만 리덩후이의 계급용인을 수정하여 "적극개방 유효관리(적극적으로 개방하되 효율적인 관리)"라는 명목으로 대만기업의 중국진출을 방해하였고, 남방정책으로 대만기업을 동남아로의 진출로 유도하였다. 대만의 산업공동화와 중국경제의존도 상승을 방지하자는 취지였지만 결국은 중국과는 점점 더 멀어지는 결과를 가져왔다.

천수이비엔은 취임사에서 4불1무7)의 주장을 피면서 독립적으로 가지 않는다고 하였으나 2004년 재선된 이

---

7) 독립선언 안하고, 국호 안바꾸고, 독립국민투표 안하고, 양국론을 헌법에 넣지 않으며 국가통일강령을 폐지하지 않는다.

후 2006년 국가통일강령을 폐지하였다. 이는 대만이 더 이상 통일을 지향하지 않는다는 의미고 궁극적으로는 대만을 중화인민공화국에서 분리하겠다는 민진당의 독립지향을 간접적으로 나타낸 것이다. 특히 역사교과서에서 중국사를 세계사로 편입시킨 것은 탈중국화 정책을 잘 보여준 사례라고 볼 수 있다.

■ 마잉지우(馬英九)시기의 중국정책의 변화

2008년 총통선거에서 국민당의 마잉지우 총통이 당선되고 국민당이 재집권하면서 대만의 중국정책은 다시 변화하였다. 마잉지우 총통은 신 삼불정책(통일도, 독립도, 무력사용도 하지 않는다)을 발표하면서 중화민국 헌정체제를 강조하면서 92공식(共識)을 강조하였다.[8]

마잉지우의 이러한 정책은 리덩후이 초기의 정책으로 돌아가서 양안간의 교류와 협력을 강화하는데 그 목적이 있다. 이 당시 대만은 리덩후이 후기와 천수이비엔 시기의 중국투자 제한정책으로 대만의 경제발전이 뒤쳐졌다고 생각하여 중국과의 경제교류강화만이 대만의 살길이라고 생각하고 소위 말하는 활로외교(活路外交)를 전개

---

8) 주2 참조

하였다.

활로외교란 중화민국의 국제적 활동공간을 넓히기 위하여 중국과 어느 정도 타협을 해야 한다는 의미로, 명분에 구애받지 않고 국제기구에 참여해야 하고 이를 위하여 중국과 외교적 휴전을 하여야 한다는 것이다. 그 결과 중국과 양안경제 기본협정(ECFA)을 체결하였고 WHA에 Chinese-Taibei 라는 이름으로 옵저버로 참여할수 있게 되었다. 그리고 수교국도 줄지 않았다, 하지만 2014년 태양화운동의 영향으로 ECFA는 중단되었고 10년이 지난 작년에 무효화되었다.

■ 차이잉원 시기의 중국정책

2016년 민진당의 차이잉원이 당선되며 민진당이 재집권하게 되었다. 이번에는 국회도 과반을 장악하여 완전집권이라 불리면서 중국정책을 전환하였다.

첫 번째가 92합의에 대하여 모호한 발언을 하였다. 차이잉원은 취임사에서 92년에 있었던 역사적 사실이라는 표현으로 사실상 이를 부정하였다. 또한 양안관계는 항상 현상유지라는 기조를 유지해야 하고, 대만의 민의에 기초를 두어야 한다고 강조하였다. 이는 결국은 천수이비엔시기의 민진당 정책으로 돌아간 것을 의미한다.

중화민국이라는 국체는 그대로 가지만 사회문화 여러 방면에서 탈중국화 정책으로 중국적인 것에서 벗어나려고 노력하였다.

특히 일본과의 관계를 중시하면서 식품 안전에 대한 민중들의 우려를 무시하면서까지 일본서 수입하는 식품에 대한 통제를 느슨하게 하는 등 친일본적인 정책을 전개하고 있다. 트럼프 등장 이후 미국이 대만에 대한 중요도를 높이자 차이잉원정부는 미국산 소고기에 대한 장벽도 낮춰서 미국에 대한 호의를 나타내기도 하고 있다.

2021년 국경절 연설에서 차이잉원은 중화민국은 중화인민공화국에 속하지 않는다는 의미의 연설을 하여 중국에 의해 신양국론이라고 불리면서 중국의 반발을 가져왔다. 이는 하나의 중국의 원칙에 동의할 수 없다는 완곡한 표현이라고 볼 수 있다.

05

양안관계와 미중관계,
그리고 한반도

최근들어 중미관계가 악화되며 양안관계(대만문제)가 국제사회의 현안으로 떠오르기 시작하고 있다. 대만해협의 전쟁설도 나오고 있다.

양안관계에서 가장 큰 쟁점은 "하나의 중국"의 원칙이다. 중국은 하나의 중국 원칙을 중국의 주권문제로 인식하고 "핵심이익"영역에 포함시키고 있다. 그러므로 이를 침범하는 문제는 중국의 주권을 침범하는 것으로 타협의 대상이 될 수 없다는 입장이다. 그리고 이를 모든 대외관계에 적용하고 있고 대만에 대하여도 이를 받아들이도록 압박하고 있다.

■ 미국의 대만정책의 변화-전략적 모호에서 전략적 명확으로?

1972년 미국과 중국이 정상회담을 시작하면서 상해코뮤니케 등 삼대공보를 발표하면서 항상 강조했던 것은 '하나의 중국의 원칙'을 지킨다는 것이다. 하지만 미국은 이와 더불어 대만에 대한 도의적인 책임을 들면서 이 문제에 대하여 모호성을 유지하고 있었다. 미국은 중국과 수교를 하면서도 한편으로는 대만관계법을 의회에서 통과시켜 대만해협에 유사시 군사개입을 한다는 원칙과 한편 6개의 보장(Six Assurances)9)등을 천명하는 등 이중적인 자세를 보여 왔다. 이를 전략적 모호성(stratagic ambiguity)라고 한다.

하지만, 트럼프 대통령이 당선되고 중국과의 충돌이 백일화되면서 이러한 원칙이 깨지는 듯 보인다. 중국은 항상 영토 및 주권문제는 핵심이익으로서 어떤 상황에서도 양보를 할 수 없다고 수차례 천명하였다. 그런데 미국은 이러한 핵심 이익, 특히 남해문제, 대만문제에 대하여 중국의 신경을 건드리는 정책을 폈다. 특히 대만문제에 대하여 직접적으로 중국을 자극하는 정책을 펴서 중국을 화나게 하였다.

대만의 안보에 대한 책임을 강조하면서 미국의 무기수출을 훨씬 더 증가하였다. 트럼프 재임기간 중 대만

---

9) 1982년 817공보를 발표한 이후 대만에 대한 미국의 의견을 표술한 것, 그 내용은 1)미국은 대만에 대한 무기수출에 시기적 제한을 두지 않는다;2)미국은 대만과 중국간의 조정자 역할을 하지 않는다;3)미국은 대만과 중국이 협상을 하라고 압력을 넣지 않는다;4)미국은 대만의 주권에 대한 입장은 변하지 않는다;5)미국은 대만관계법을 수정할 생각 이없고;6) 817공보의 내용이 마국의 대만에 무기 수출 전 북경의 의견을 묻는 다는 것을 의미하지 않는다.

양안관계와 한반도 통일

에 대한 무기 수출이 9차례나 진행되었다. 2018년에는
대만여행법을 발표하여 미국 공무원들의 대만방문을 허
용하였다. 2019년에는 대만보호법을 발표하였고 이에는
미국이 중화민국이 세계 각국 간의 실질적인 외교 관계
증진을 지원하는 내용, 미국이 중화민국의 국제적 지
위 확립을 지지하는 내용이 담겨있다. 이는 그동안의
전략적 모호성에서 전략적 명확성으로의 전환을 뜻한
다고 볼 수 있다.

　하지만 이러한 명확성을 보여주는 듯 하면서도 한번
도 하나의 중국의 원칙을 부정하는 언사는 없었다. 선
을 넘는 듯하면서도 넘지 않는 바이든 당선 이후에도
이런 기조는 변화를 보이고 있지 않다. 물론 최근 미
중대화에서 하나의 중국의 원칙을 지지한다고 재천명
하였다.

■ 중국의 대응

　중국은 미국과 서방의 이러한 에 대하여 직접적으로
반발하고 있다. 하지만 직접적인 행동보다는 대만에 대
한 압박으로 중국의 불편한 심기를 보였다. 중국의 대만
에 대한 압박은 주로 정치적, 군사적 압박이다. 중국은
평화통일원칙을 내세운 이래 한번도 무력통일의 가능성

을 배제한 적이 없다. 특히 민진당이 집권을 하여 대만의 독립적인 분위기가 좀 더 고조되었을 때는 더더욱 무력사용에 대한 가능성을 강조하였다. 2005년 발표한 반국가분열법에서 중국은 대만이 독립을 선포하거나 외세가 개입할 시 비평화적 수단도 불사한다고 발표하였다. 이는 대만문제에 대한 무력사용의 기준을 재천명한 것이다.

실제적인 압박도 진행하고 있다. 1950년대의 군사적 충돌은 차치하고라도, 리떵후이 총통의 방미시 1995년, 96년 두 차례 대만해협에서 미사일을 동원한 대규모 군사훈련으로 대만을 위협하였고 미국도 이에 대응하여 7함대가 출동하기도 하였다. 이 후에도 양안관계가 이슈가 되고 의 방공식별구역을 침범하며 도발을 하고 있다.

대만에 대한 외교적 압박도 지속되고 있다. 마잉지우 집권시에만 외교적 휴전을 선언하면서 대만에 대하여 압박을 하지 않았다. 그 이유는 마잉지우 정권이 92공식을 인정했기 때문이다. 하나의 중국의 원칙을 인정하면 그에 상응하는 당근을 제공한다는 것이다. 하지만 그렇지 않으면 외교적 압박은 더욱 강화된다. 차이잉원 집권시에는 대만의 수교국이 20개국이었으나 현재 15개국으로 줄었다. 중국과 외교전쟁에서 패한 것이다. 최근에는 니카라과가 넘어갔고 온두라스도 넘어갈뻔

했다. 이 외에도 WHA 등 세계 기구 및 단체에 대만을 지방정부로 인식하도록 압력을 넣어 대만의 국제활동 공간을 더욱 조여오고 있다,

경제사회영역에서는 회유책도 동시에 시전하고 있다. 특히 경제분야에서는 "대만우대"정책이라는 표현을 사용한다. 대만에 이익이 될 수 있도록 중국이 베푼다는 의미를 가지고 있다. 어떤 면에서는 이미 중국이 대만에 대하여 베푸는 위치에 있다는 것을 암시하기도 한다. ECFA(양안경제협력기본협정)도 일종의 경제적인 통일전선 수단일 수 있다. 마잉지우 총통이 당선된 이후 후보 시절부터 주창해온 양안공동시장에 대한 중국의 응답이라고 할 수 있다. 이것이 가능할 수 있었던 것은 마잉지우 정부가 92共識을 받아들였기 때문이다. 그리고 이와 더불어 3통(통항, 통상, 통우)의 협상도 마잉지우 정부때 타결되었다.

차이잉원 정부가 92공식에 대한 입장을 발표하지 않으니 중국은 2018년 대만우대 31조(惠台31項), 2019년 대만우대 26조(惠台26項), 2021년 5월의 대만기업우대 11조(對臺11項)등은 경제영역에서 대만을 우대하는 정책을 지속적으로 전개하고 있다[10].

---

10) 31조는 주로 개인과 서비스업에 대한 우대정책이고 26조는 기업

■ 대만의 딜레마

냉전시기부터 현재까지 대만의 대미일변도는 항상 명확하였다. 미국의 핵우산 아래에 있는 것이 가장 안전하다는 인식 때문이다. 이는 약소국으로서 힘의 균형사이에서 확실하게 한 쪽을 선택하여 안전을 보장받으려는 태도이다. 하지만, 중국이 개혁개방으로 국제사회와 궤를 같이하기 시작하였고 대만도 중국과의 교류가 확대되기 시작하면서 대만의 이익에 변화가 생겼다. 90년대 초반에는 중국과의 민간교류가 급증하여 정부도 할 수 없이 중국과의 접촉을 하였다. 국토통일강령도 만들어 통일에 대한 의지도 나타내는 등 중국의 눈치를 어느 정도 보았다고 할 수 있다. 민진당의 천수이비엔 정부때는 다시 미국에 올인하는 듯하였으나. 마잉지우(馬英九)정부시기 중국과 관계개선이 되면서 경제는 중국, 안보는 미국이라는 헷지(hedge) 전략으로 바뀌었다. 하지만 차이잉원 정부에 들어서서는 다시 경제, 안보 다 미국에 의존하는 전략으로 돌아섰다. 특히 미중충돌이 심화되고 있는 상황에서 대만은 미국을 선택하는 것이 대만의 이익에 더 부합된다고 판단한 것이다. 특히 미국과 중국의 반도

과 청년창업에 대한 우대정책이 주를 이룬다. 대대만11조는 중국에 투자한 대만기업들에 대한 우대정책이다.

체 전쟁에서 대만이 누리는 특수는 이를 증명하고 있다, 민진당 정부는 친미, 친일 정책을 입증이라도 하듯 일본에서의 농산물 수입, 미국에서 유전자 조작 소고기의 수입 등의 일련의 정책을 전개하였다. 그러는 한편 민주주의 가치동맹을 강조하면서 미국의 가치동맹 외교에 편승하려는 노력도 하고 있고 CPTPP에 가입 신청하면서 미중 갈등을 틈타 국제사회에서의 활동공간을 확대하려는 노력도 게을리 하지 않고 있다.

민진당 정부는 항상 중국에게 중화민국을 하나의 국가로 인정하라는 무언의 호소를 하고 있다. 최근 차이잉원이 국경절 연설에서 대만과 중국은 특수한 관계의 국가라고 하면서 소위말하는 신 양국론을 언급한 것도 항상 중국과 대등한 관계로서 인정받으려 하기 때문이다. 대등한 관계만이 실질적인 대만독립의 길이라고 생각하기 때문이다. 중국은 이러한 민진당의 도발에 대하여 전혀 대응을 하지 않고 있다.

대만 내에서 반중정서와 탈중국화 추세는 이러한 민진당정부의 행위에 정당성을 부여하고 있다. 사실 홍콩사태 이전만해도 국민당의 한궈위(韓國瑜)후보가 더 유리했으나 홍콩사태 이후 역전되면서 차이잉원(蔡英文)이 재선된 것이다. 여기에 코로나시국은 민진당 정부의 입장에서는 반중정서를 강화하면서도 외국의 지원을 얻을 있는 좋은 기회이다.

하나의 중국을 주장하는 중국과 하나의 국가로서 인정받으려는 민진당 정부와의 갈등은 코로나사태 때에도 일어났다. 코로나 초기 우한에 있던 대만인들을 귀국시키려는 전세기의 운영에서 주체의 문제로 중국과 갈등하였고, 대만의 코로나사태가 갑자기 악화되고 있는 지금, 중국의 백신제공제의를 민진당 정부는 일말의 고려도 하지 않고 거절하고 있고 오직 미국에서의 수입과 자체 생산의 성공에만 기대고 있다.

하지만, 지금 대만의 이러한 정책이 과연 대만의 안전을 정말로 보장받을 수 있을까에는 의문부호를 달고자 한다. 홍콩사태부터 코로나사태까지 일련의 상황으로 일시적으로 친미반중이 유효하지만 앞으로도 그럴 것인가는 미지수라고 볼 수 있다.

코로나로 인하여 인적교류가 제한되었는데도 불구하고 양안간 경제무역교류는 전혀 영향을 받지 않고 있고 무역총액은 최근 10년 동안 줄지않고 오히려 증가추세이다. 이미 미중경제전략대화시 미국은 하나의 중국의 원칙에 동의한다고 하였다. 전략적 모호성과 명확성사이 그 어딘가를 돌아다니며 줄타기 하고 있는 미국이 과연 유사시 정말 대만을 도와줄 수 있는지, 또 도와줄 능력은 되는지가 여전히 의문사항으로 남아있다. 아직까지 대만경제는 중국에의 의존도가 높은 상황에서 미국에 경제와 안보를 모두 올인하는 것은 달걀을 하나의 바구니 안에 넣는 것과 같을 것이라고 생각한다.

미국과 대만이 중국의 의도를 오판하는 것도 하나의 리스크가 될 수 있다. 민진당 정부는 현재 여러 측면에서 대만의 독립에 대한 가능성을 타진중으로 보인다. 근에는 헌법개정문제까지 거론되고 있다. 미국과의 관계를 이용하여 민진당 정부가 독립의 길로 가거나 비슷한 방향을 설정하거나 하는 등의 중국의 인내심을 오판하고 독립의 길로 가려 한다면 중국은 무력사용을 불사할 것이다. 어느 수준까지일 지는 알 수 없지만 가능성을 배제할 수는 없다.

■ 양안관계의 한반도

미중관계는 이미 충돌과 경쟁, 견제관계로 발전하고 있다. 그리고 그 주된 전장은 바로 동아시아이다. 남북한 문제, 양안관계, 남해문제 등은 미국과 중국의 주된 전장이 되고 있다. 특히 양안관계는 중국의 핵심이익에 해당하므로 아주 민감한 지역이다. 그러므로 앞으

로도 이러한 미중간의 경쟁에서 가장 주목받는 지역이
될 것이다.

바이든정부가 반중기조를 완전히 바꾸지는 않을 것
이다. 하지만 only America에서 America is Back 으로 돌
아왔고, 하고 다자간의 협력과 가치동맹을 통하여 중국
을 압박하는 정책으로 바꾸어가고 있다. 이 동맹에 대만
이 참여할 수 있는 지 여부는 아직 알 수 없다. 리투아
니아 등 몇몇 나라의 지지를 받고는 있지만 아직 크게
유의미하다고 볼 수는 없다. 결국 양안관계의 변화는
미국과 중국관계가 가장 큰 변수이다. 그 다음의 변수
를 꼽으라면 대만의 국내정치라고 할 수 있다.

한반도의 정세는 원래 강대국들의 관계에 영향을 받
아왔다. 현재 한반도를 둘러싼 강대국들로는 미국, 중
국, 러시아 등이 있다. 과거 냉전시기에는 냉전의 최전
선이었고 현재의 국제관계속에서는 미국, 중국, 러시
아, 일본의 합종연횡의 중심에 있는 곳이 한반도이다.
여기에 북핵문제가 주요 매개역할을 하고 있다.

현재 동북아지역의 국제판도를 보면, 미국과 일본이
이익을 공유하고 있고, 러시아는 중국과 한편에 서고
있다. 북한은 핵무기를 가지고 미중사이에서 이익의 극
대화를 꾀하고 있다. 우리는 이러한 합종연횡속에서 선

택의 기로에 놓여 있는 상황이다. 미중이 협력하던 시기에는 양안과 동북아의 갈등이 북핵을 제외하고는 심각하지 않았다. 미중 갈등이 심화되고 있는 현재 주변 국가들은 선택을 강요받고 있다. 대만은 전면적인 친미를 선택하였다. 한반도는 한미동맹관계 이지만, 북한문제라는 변수가 하나 더해져 있고 중국에의 경제의존도 때문에 전면적인 친미가 쉽지 않다. 과거 경중안미(經中安美)라는 전략으로 나름 헷지해오던 우리나라도 점점 더 선택의 시간이 다가오는 듯하다. 우리의 선택이 우리의 미래에 어떠한 영향을 주는지에 대한 면밀한 관찰이 필요하다. 특히 최근 양안간의 군사충돌 가능성이 제기되면서 우리에게도 선택의 순간에 대한 질문이 주어지고 있다. 충돌이 있을 시 우리의 자세에 대한 고민도 필요하다. 물론 양안간의 실제적인 군사적 충돌은 쉽게 일어나지 않겠지만, 만에 하나 일어난다면 우리는 양쪽에서 선택을 강요받을 수 있을 것이다. 우리에게는 충돌이 발생하지 않는 것이 가장 최선이기는 하나 상황발생시 미국이 개입한다면 한미동맹관계와 한중관계 사이에서 균형을 추구해야 한다. 앞으로도 이러한 선택의 시간이 자주 올 수 있다. 그 때 우리의 이익을 극대화하기 위하여는 보편적인 가치관 범

위내에서 우리의 핵심이익을 정하고 그 핵심이익의 범위내에서 먼저 양안간의 평화적 해결을 호소한다. 그리고 원칙적으로 대만 내 국민들의 의사를 중요시하여야 한다. 어떤 형태든 어떤 형태든 군사적, 직접적인 개입은 자제하고 동맹국인 미국과의 긴밀한 소통이 필요할 것이다.